EFA · ALEX

L'ÂME DU VIN

L'ail & l'huile

EFA - *Scénario & Dessin*
ALEX - *Couleur*

paquet

Dans la même collection

Rayban Dog
Murphy · Redolfi

Barcelona
Cyan
Kenny · Solá · Lucia · Mazi

Supersensible *(à paraître)*
Monsieur José
Poupon · Ralenti

Du même auteur

Les Icariades collection inklusive
En collaboration avec Termens
Editions Paquet

Rodriguez
T1 Opération Sirtakis
Editions Paquet

www.paquet.li

1ère édition
ISBN: 2-940334-48-X
Dépôt légal: septembre 2004
Printed in Belgium by Proost

J'ADORE ÇA, MARCHER SOUS LA PLUIE, LAISSER MON CORPS ABSORBER TOUTE L'EAU QUI TOMBE DU CIEL...
REGARDER COMME LES FORMES LES PLUS SIMPLES SE RÉPÈTENT JUSQU'À L'INFINI, ET MOI AU MILIEU DE CE SPECTACLE GÉOMÉTRIQUE...
LE RIDEAU D'EAU ESTOMPE LE PAYSAGE, ET JE ME SENS COMME DANS UN TABLEAU DE MONET, DE TURNER PEUT-ÊTRE...
MONSIEUR GÉRARD ! IL N'Y AVAIT PAS UN TAXI QUI VOUS ATTENDAIT À LA GARE ?!
OUI... MAIS J'AI PRÉFÉRÉ VENIR COMME ÇA, À PIED !
À PIED ? JE NE CONNAIS PAS LES HABITUDES DE VOTRE PAYS MONSIEUR GÉRARD, MAIS ICI ON TOMBE FACILEMENT MALADE QUAND ON MARCHE SOUS LA PLUIE !

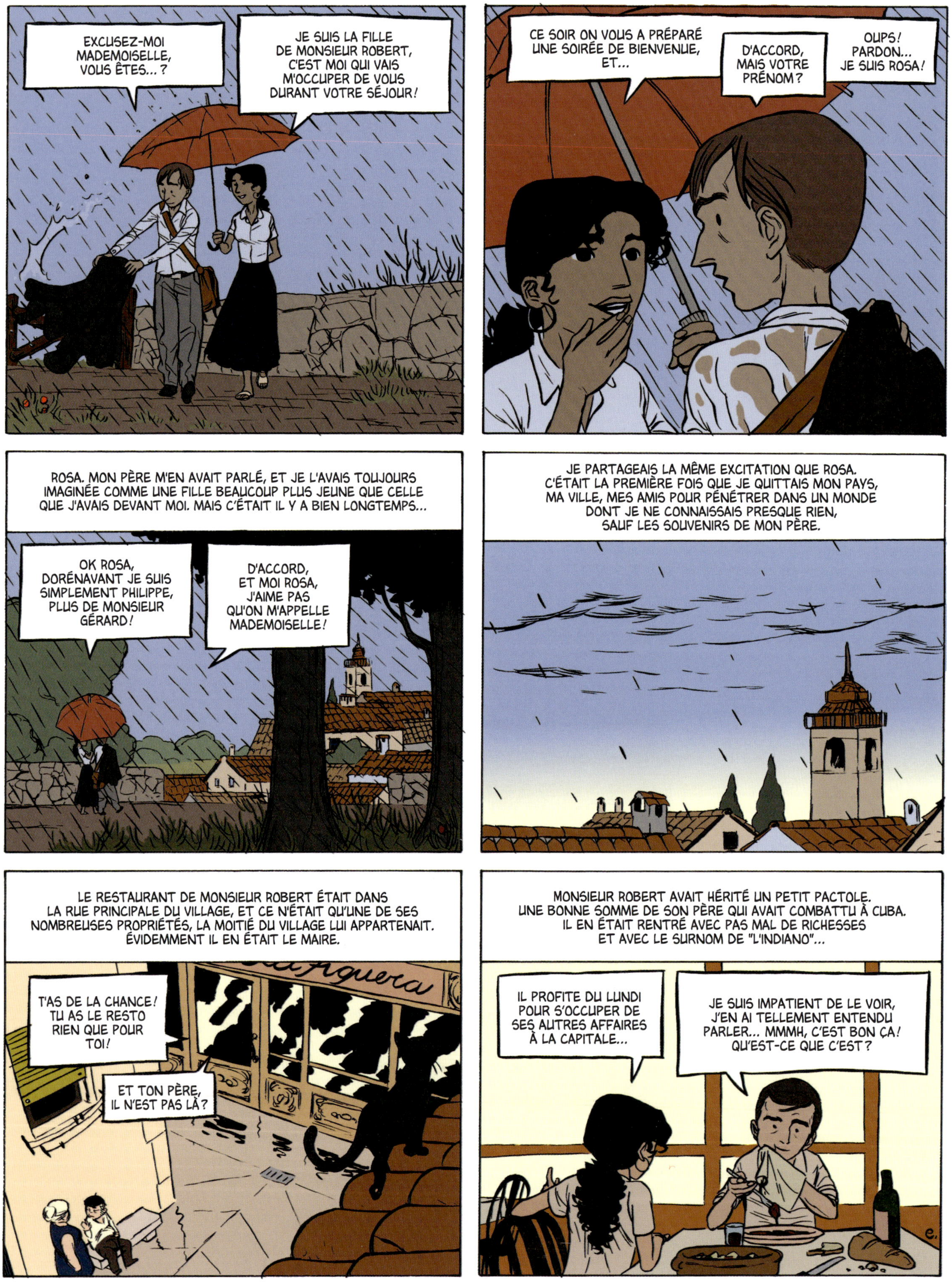
EXCUSEZ-MOI MADEMOISELLE, VOUS ÊTES... ?
JE SUIS LA FILLE DE MONSIEUR ROBERT, C'EST MOI QUI VAIS M'OCCUPER DE VOUS DURANT VOTRE SÉJOUR !
CE SOIR ON VOUS A PRÉPARÉ UNE SOIRÉE DE BIENVENUE, ET...
D'ACCORD, MAIS VOTRE PRÉNOM ?
OUPS ! PARDON... JE SUIS ROSA !
ROSA. MON PÈRE M'EN AVAIT PARLÉ, ET JE L'AVAIS TOUJOURS IMAGINÉE COMME UNE FILLE BEAUCOUP PLUS JEUNE QUE CELLE QUE J'AVAIS DEVANT MOI. MAIS C'ÉTAIT IL Y A BIEN LONGTEMPS...
OK ROSA, DORÉNAVANT JE SUIS SIMPLEMENT PHILIPPE, PLUS DE MONSIEUR GÉRARD !
D'ACCORD, ET MOI ROSA, J'AIME PAS QU'ON M'APPELLE MADEMOISELLE !
JE PARTAGEAIS LA MÊME EXCITATION QUE ROSA. C'ÉTAIT LA PREMIÈRE FOIS QUE JE QUITTAIS MON PAYS, MA VILLE, MES AMIS POUR PÉNÉTRER DANS UN MONDE DONT JE NE CONNAISSAIS PRESQUE RIEN, SAUF LES SOUVENIRS DE MON PÈRE.
LE RESTAURANT DE MONSIEUR ROBERT ÉTAIT DANS LA RUE PRINCIPALE DU VILLAGE, ET CE N'ÉTAIT QU'UNE DE SES NOMBREUSES PROPRIÉTÉS, LA MOITIÉ DU VILLAGE LUI APPARTENAIT. ÉVIDEMMENT IL EN ÉTAIT LE MAIRE.
T'AS DE LA CHANCE ! TU AS LE RESTO RIEN QUE POUR TOI !
ET TON PÈRE, IL N'EST PAS LÀ ?
MONSIEUR ROBERT AVAIT HÉRITÉ UN PETIT PACTOLE. UNE BONNE SOMME DE SON PÈRE QUI AVAIT COMBATTU À CUBA. IL EN ÉTAIT RENTRÉ AVEC PAS MAL DE RICHESSES ET AVEC LE SURNOM DE "L'INDIANO"...
IL PROFITE DU LUNDI POUR S'OCCUPER DE SES AUTRES AFFAIRES À LA CAPITALE...
JE SUIS IMPATIENT DE LE VOIR, J'EN AI TELLEMENT ENTENDU PARLER... MMMH, C'EST BON ÇA ! QU'EST-CE QUE C'EST ?

TIENS ?
UNE VOITURE ! C'ÉTAIT POURTANT PAS LE GENRE DE VILLAGE À RECEVOIR D'IMPORTANTES VISITES DE LA CAPITALE...
ET LEURS HABITANTS N'AVAIENT SÛREMENT PAS LES MOYENS DE S'OFFRIR DE SI BELLES BAGNOLES, À MOINS QUE...
MAIS OUI, LE SEUL QUI POUVAIT EN AVOIR UNE N'ÉTAIT AUTRE QUE MONSIEUR ROBERT, DE RETOUR DE SES AFFAIRES À LA CAPITALE.
BONJOUR, JE SUIS...
MONSIEUR GÉRARD ! VOUS ÊTES LE PORTRAIT VIVANT DE VOTRE PÈRE, SOYEZ LE BIENVENU !

IL FAUT QU'ON DISCUTE SUR LES THÈMES QUE VOUS VOULEZ...
AH ! C'EST PAS LE MOMENT, ON EN PARLERA DEMAIN, VOULEZ-VOUS !
OUI, MAIS J'AI DÉJÀ VU VOTRE RESTAURANT, MONSIEUR ROBERT. ET VOTRE FILLE...
ROSA ? AH ! SACHEZ MON AMI QU'ELLE VOUS A PRÉPARÉ UNE SOIRÉE DE RÉCEPTION DIGNE D'UN AMBASSADEUR !
...QUAN JO EN TENIA QUINZE ANYS, MON PARE EM DUIA AMB LA BARCA, I EM DEIA QUAN SIGUIS GRAN...
ET NOTRE INVITÉ ? OÙ EST-IL ? ÇA FAIT UN BON MOMENT QUE JE NE LE VOIS PLUS !
IL EST ALLÉ AU CANAL, UN PEU IVRE... JE CROIS !
DÉJÀ ? MMPH... HA ! HA ! HA ! CES ÉTRANGERS... VA LE CHERCHER ET EMMÈNE-LE DANS UNE CHAMBRE, S'IL TE PLAÎT...

ÇA VA L'ARTISTE ? UN PEU PLUS DE ROUGE PEUT-ÊTRE ? VOUS AVEZ PAS MAL CHANTÉ CE SOIR...
!?!
DOMMAGE QU'ON N'AIT PRESQUE RIEN COMPRIS ! ALORS DIS-MOI, C'ÉTAIT QUOI ? L'ANGLAIS OU LE VIN QUI TE FAISAIT CHANTER COMME ÇA ?
JE DOIS TE REMERCIER ROSA... T'AS ORGANISÉ HIC... UNE JOLIE FÊTE... ET EN PLUS T'ES BELLE !
OH ! GARDE TES BELLES PAROLES POUR TES RÊVES, PHILIPPE !
LA MEILLEURE MANIÈRE POUR FAIRE DE NOUVELLES CONNAISSANCES, C'EST SANS DOUTE DE SE LAISSER EMPORTER PAR LES HABITUDES LOCALES, ET ICI L'HABITUDE C'EST LE VIN ROUGE !!
TOUTEFOIS JE N'AI JAMAIS COMPRIS COMMENT ILS FONT POUR NE JAMAIS AVOIR LA GUEULE DE BOIS. CAR MOI, PAR CONTRE...
OHÉ PHILIPPE ! T'ES PRÉSENTABLE ? MON PÈRE T'ATTEND AU JARDIN POUR LE PETIT DÉJEUNER... JE PEUX ?
TOC TOC

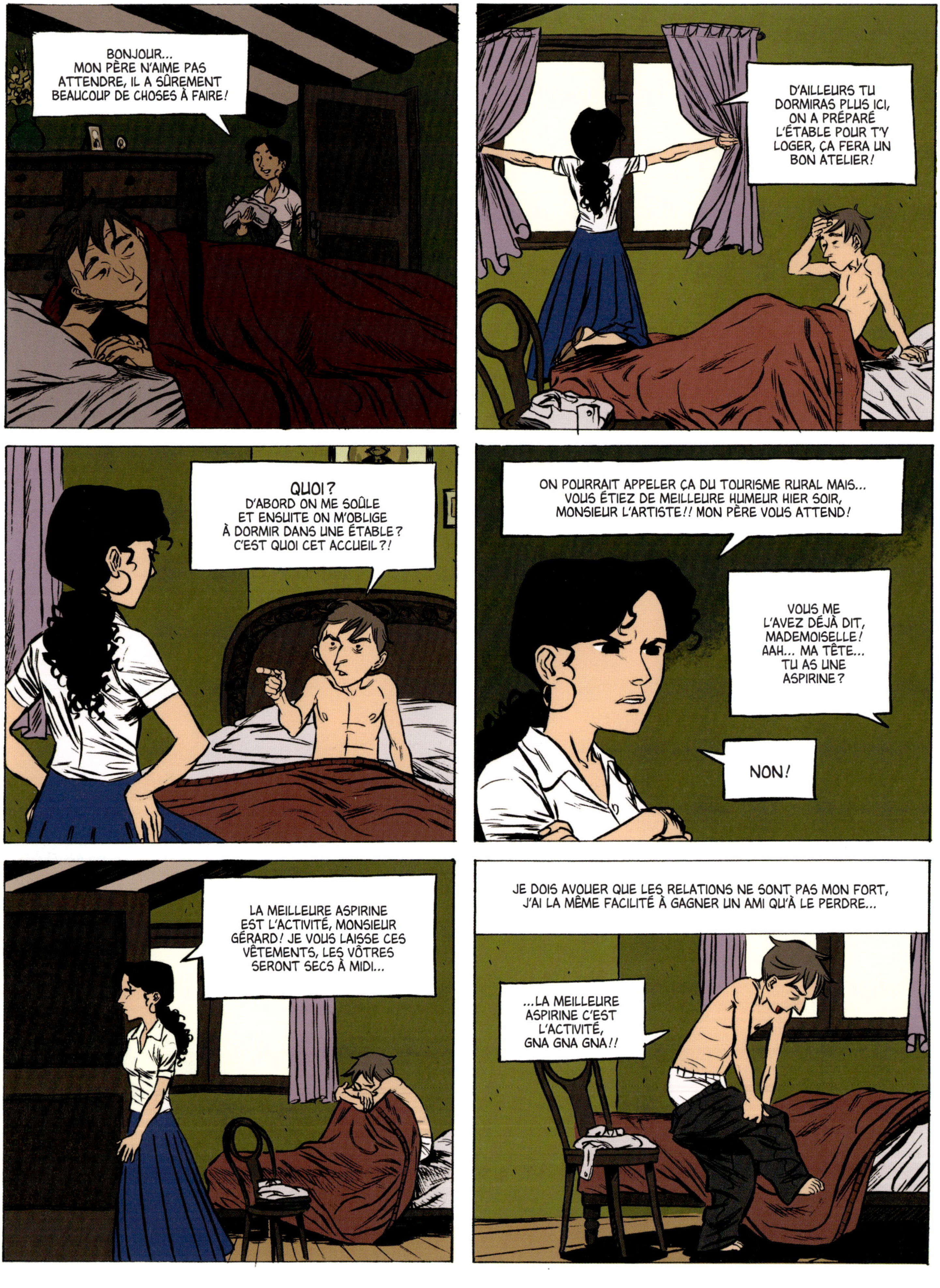
BONJOUR... MON PÈRE N'AIME PAS ATTENDRE, IL A SÛREMENT BEAUCOUP DE CHOSES À FAIRE !
D'AILLEURS TU DORMIRAS PLUS ICI, ON A PRÉPARÉ L'ÉTABLE POUR T'Y LOGER, ÇA FERA UN BON ATELIER !
QUOI ? D'ABORD ON ME SOÛLE ET ENSUITE ON M'OBLIGE À DORMIR DANS UNE ÉTABLE ? C'EST QUOI CET ACCUEIL ?!
ON POURRAIT APPELER ÇA DU TOURISME RURAL MAIS... VOUS ÉTIEZ DE MEILLEURE HUMEUR HIER SOIR, MONSIEUR L'ARTISTE !! MON PÈRE VOUS ATTEND !
VOUS ME L'AVEZ DÉJÀ DIT, MADEMOISELLE ! AAH... MA TÊTE... TU AS UNE ASPIRINE ?
NON !
LA MEILLEURE ASPIRINE EST L'ACTIVITÉ, MONSIEUR GÉRARD ! JE VOUS LAISSE CES VÊTEMENTS, LES VÔTRES SERONT SECS À MIDI...
JE DOIS AVOUER QUE LES RELATIONS NE SONT PAS MON FORT, J'AI LA MÊME FACILITÉ À GAGNER UN AMI QU'À LE PERDRE...
...LA MEILLEURE ASPIRINE C'EST L'ACTIVITÉ, GNA GNA GNA !!

MAIS POUR MONSIEUR ROBERT, L'AMITIÉ ÉTAIT QUELQUE CHOSE DE PLUS PROFOND. SA VIE NE LUI AVAIT PERMIS D'AVOIR QUE TRÈS PEU DE VRAIS AMIS, CE GENRE D'AMIS À QUI L'ON PEUT CONFIER TOUTES NOS HISTOIRES, NOS PEURS, NOS SECRETS...
ASSEYEZ-VOUS MONSIEUR GÉRARD, IL FAUT QUE L'ON CAUSE DE VOTRE TRAVAIL ICI, NON ?
IL SE PLAISAIT À RACONTER QU'IL AVAIT EU UN SEUL AMI, PENDANT LA GUERRE. C'ÉTAIT LE SEUL, SELON LUI, À L'AVOIR COMPRIS...
D'ABORD, J'AIMERAIS QUE LES FRESQUES SOIENT COMMENCÉES D'ICI TROIS SEMAINES, JUSTE COMMENCÉES, IL NE FAUT PAS ABUSER ! NOUS ALLONS RECEVOIR DES VISITEURS DE LA CAPITALE DURANT LES FÊTES D'ÉTÉ DU VILLAGE ! C'EST IMPORTANT POUR MOI ET POUR LES GENS D'ICI !
POUR LE THÈME NE VOUS INQUIÉTEZ PAS, J'AI CONFIANCE EN VOUS ! LAISSEZ L'ATMOSPHÈRE LOCALE NOURRIR VOTRE IMAGINATION... ÇA MARCHE TOUJOURS !
MONSIEUR ROBERT, VOUS POUVEZ FÉLICITER CELUI QUI A FAIT CE CAFÉ, IL EST PARMI LES MEILLEURS QUE J'AIE JAMAIS GOÛTÉS !
OH C'EST FACILE, VOUS POUVEZ FÉLICITER ROSA... ELLE EST UNE EXCELLENTE CUISINIÈRE, TELLE QUE L'ÉTAIT SA MÈRE ! LE RESTAURANT DÉPEND DE SON LABEUR AUX FOURNEAUX !
MAIS IL FAUT MODERNISER LE RESTAURANT, ET C'EST LÀ QUE VOUS ENTREZ EN JEU... JE VEUX QUE ÇA SOIT UN LIEU DE RENCONTRE DES HOMMES D'AFFAIRES DE LA CAPITALE...
...ON VIT DES MOMENTS DIFFICILES, NORMAL SOUS UNE DICTATURE, ET TOUT L'ARGENT QU'ON PEUT FAIRE ENTRER AU VILLAGE EST BON À PRENDRE, PEU IMPORTE D'OÙ IL VIENT... MONSIEUR GÉRARD, VOUS M'ÉCOUTEZ ?
EUH... OUI, OUI...

MONSIEUR ROBERT! MONSIEUR ROBERT!! LES ÂNES!!
IL Y AVAIT DES GOSSES QUI JOUAIENT ET LES ÂNES SE SONT CABRÉS, ILS ONT COMMENCÉ À FUIR MAIS ILS SONT TOMBÉS DANS LE CANAL!!
?!
VOUS VENEZ AUSSI, MONSIEUR GERARD?
BIEN SÛR! ON NE SAIT JAMAIS! MAIS VOUS POUVEZ ME TUTOYER, MONSIEUR ROBERT!
ON A PERDU L'AUTRE, IL FAUT FAIRE QUELQUE CHOSE...
J'Y VAIS!

ARRÊTE DE BOUGER BÊTE DU DIABLE!! OU ON VA FINIR TOUS LES DEUX NOYÉS COMME TON FRÈRE!!
ON A PERDU TOUTE LA CHARGE... ET MERDE!! UN MOIS DE BOULOT POUR RIEN!
BAH, CE SONT DES CHOSES QUI ARRIVENT... IL FAUT RECOMMENCER. ALLEZ, AU BOULOT!
OUI, MONSIEUR ROBERT ÉTAIT BIEN LE PATRON, MAIS IL ÉTAIT PLUTÔT DU GENRE CAPITAINE DE LA MARINE, QUELQU'UN QUI NE VISAIT QU'À MAINTENIR SON BATEAU À FLOTS. DE LUI DÉPENDAIT L'ÉQUILIBRE DU VILLAGE...
IL Y AVAIT PLEIN DE CHOSES QUE JE NE COMPRENAIS PAS, MAIS IL AVAIT RÉUSSI À FAIRE MARCHER LE VILLAGE APRÈS LA GUERRE, ET TOUT CE QU'IL FAISAIT C'ÉTAIT POUR LE VILLAGE, POUR CES GENS...
MERCI PHILIPPE, C'ÉTAIT LA FAUTE DE CES ENFANTS!
CE N'EST RIEN MIQUEL! CE NE SONT QUE DES GOSSES...
ON DIRAIT QUE TU AIMES ME VOIR FAIRE LA LESSIVE... J'ESPÈRE QUE TU NE SAUTERAS PAS TOUT HABILLÉ DANS L'EAU CHAQUE JOUR! BON, VIENS AVEC MOI, TU DOIS TE CHANGER!

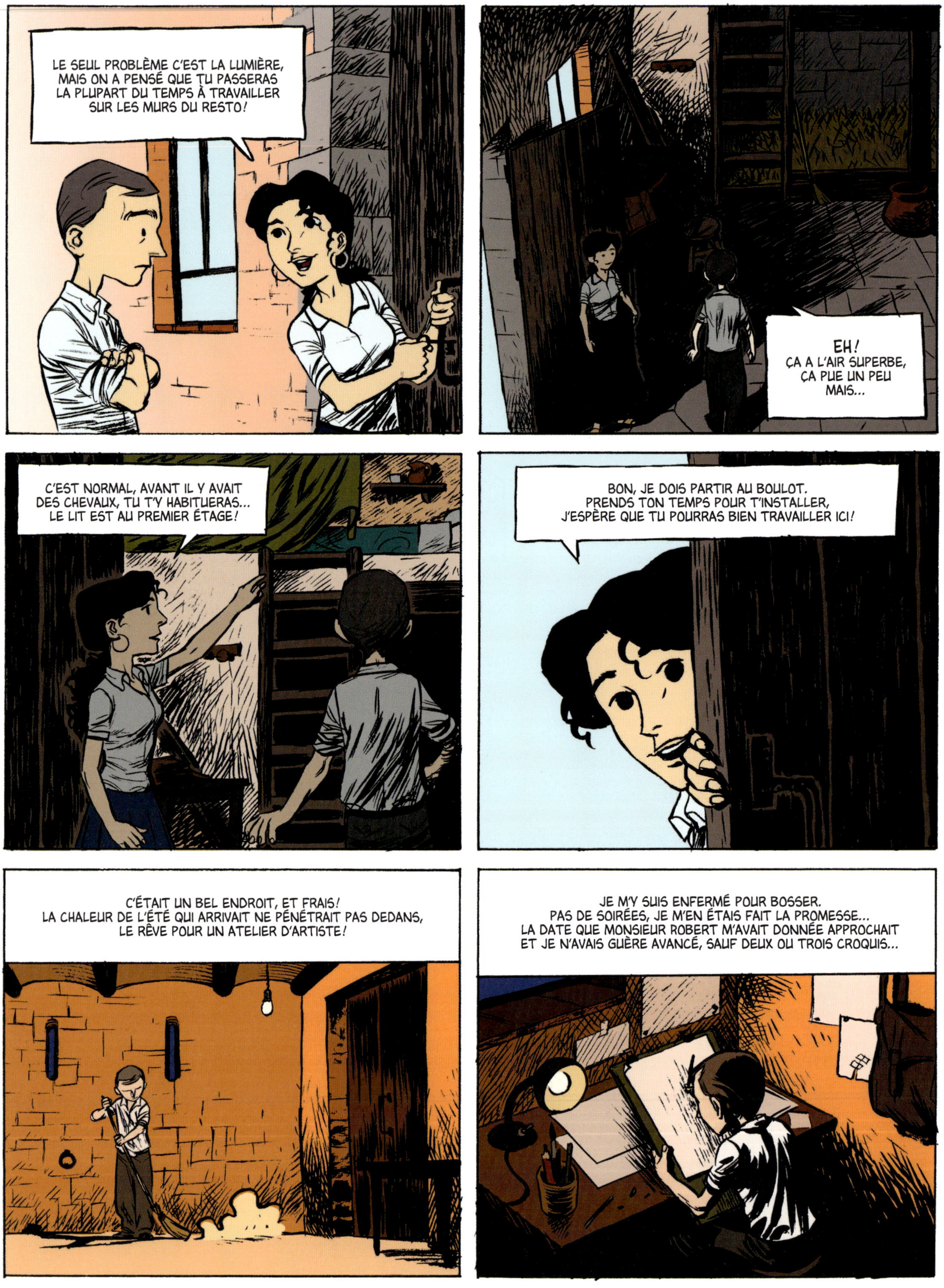
LE SEUL PROBLÈME C'EST LA LUMIÈRE, MAIS ON A PENSÉ QUE TU PASSERAS LA PLUPART DU TEMPS À TRAVAILLER SUR LES MURS DU RESTO !
EH ! ÇA A L'AIR SUPERBE, ÇA PUE UN PEU MAIS...
C'EST NORMAL, AVANT IL Y AVAIT DES CHEVAUX, TU T'Y HABITUERAS... LE LIT EST AU PREMIER ÉTAGE !
BON, JE DOIS PARTIR AU BOULOT. PRENDS TON TEMPS POUR T'INSTALLER, J'ESPÈRE QUE TU POURRAS BIEN TRAVAILLER ICI !
C'ÉTAIT UN BEL ENDROIT, ET FRAIS ! LA CHALEUR DE L'ÉTÉ QUI ARRIVAIT NE PÉNÉTRAIT PAS DEDANS, LE RÊVE POUR UN ATELIER D'ARTISTE !
JE M'Y SUIS ENFERMÉ POUR BOSSER. PAS DE SOIRÉES, JE M'EN ÉTAIS FAIT LA PROMESSE... LA DATE QUE MONSIEUR ROBERT M'AVAIT DONNÉE APPROCHAIT ET JE N'AVAIS GUÈRE AVANCÉ, SAUF DEUX OU TROIS CROQUIS...

COUCOU PHILIPPE ! TU FAIS UNE P'TITE "SIESTA" AU SOLEIL ?
SALUT ROSA ! QUE FAIS-TU PAR ICI ? T'AS ABANDONNÉ LES FOURNEAUX AUJOURD'HUI ?
HA ! HA ! HA ! JE VOIS QUE L'ESPRIT DU VILLAGE T'A DÉJÀ POSSÉDÉ AU POINT DE NE PLUS SAVOIR QUEL JOUR ON EST... C'EST LUNDI !!
AH OUI ! LES AFFAIRES DANS LA CAPITALE...
EXACT ! ET J'AI VOULU TE TENIR COMPAGNIE AVEC UN BON ROUGE BIEN FRAIS !
PAS DE PROBLÈME, MAIS ON VA RENTRER, J'AI PLUS ENVIE DE ME SOÛLER EN PUBLIC !
ON DIRAIT QUE T'AS BIEN TRAVAILLÉ. QUELQUES IDÉES PLUS OU MOINS DÉFINITIVES ?
CELUI-CI EST MON PRÉFÉRÉ, DES MOTIFS VINICOLES QUI M'ONT MARQUÉS À MON ARRIVÉE MAIS IL ME MANQUE UN MODÈLE POUR LA FIGURE CENTRALE. ÇA TE PLAÎT ?
PLOP

SI ÇA ME PLAÎT QUOI ? POSER POUR TOI ? NUE COMME LES MUSES DES GRANDS ARTISTES ?
NON... EUH, JE PARLAIS DU DESSIN...
NE T'INQUIÈTE PAS, JE PLAISANTAIS ! JE SAIS QUE J'AI PAS LA SILHOUETTE DE CES FILLES À LA TAILLE PRESQUE INEXISTANTE !
GLOU GLOU
LÀ, TU TE TROMPES, T'ES PLUS BELLE QUE CE QUE TU T'IMAGINES. ET JE NE PARLE PAS DE CETTE CONNERIE DE BEAUTÉ INTÉRIEURE.
ON TRINQUE DONC À MA BEAUTÉ EXTÉRIEURE, C'EST ÇA ?
EXACT... SANTÉ !
UNE BOUTEILLE, PUIS UNE AUTRE... LES RIRES SE SUCCÈDENT, C'EST BIZARRE COMME LE VIN PEUT NOUS RAPPROCHER OU NOUS ÉLOIGNER... ON DEVIENT POSSÉDÉ, CAR C'EST L'ÂME DU VIN QUI CONTRÔLE NOS ACTIONS, NOS ÉMOTIONS...
CHAQUE VERRE APPORTE UNE NOTE MUSICALE, DES SILENCES, UN SOURIRE AUX LÈVRES... EH OUI MESSIEURS, L'AMOUR PEUT NAÎTRE D'UNE MANIÈRE AUSSI FUTILE...
...ET DISPARAÎTRE PARCE QU'ON A DÉPASSÉ LA LIMITE. DÈS QUE L'ON OUVRE UNE BOUTEILLE, IL DEVIENT DIFFICILE DE GÉRER NOS SENTIMENTS... PEUT-ÊTRE LA FINIRA-T-ON EN DANSANT, EN S'INSULTANT OU EN S'AIMANT, ON NE SAIT JAMAIS...
SÉRIEUSEMENT PHILIPPE, T'OSERAIS PAS ME DESSINER ? IL FAUT PAS QUE JE SOIS NUE ! MAIS N'AIE PAS PEUR DE MON PÈRE...

C'EST UN PETIT COIN DE LA RIVIÈRE QUI VA AU CANAL, C'ÉTAIT MON ENDROIT PRÉFÉRÉ QUAND J'ÉTAIS GAMINE ! ÇA TE PLAÎT ?
ÇA SONNE PAS MAL COMME ENDROIT POUR JOUER...
EH ! J'AI PAS DIT QUE JE VENAIS JOUER !
WAOW ! ON DIRAIT UNE PETITE PLAGE... ET TU DIS QUE PERSONNE NE VIENT PAR ICI ?
EN FAIT TOUT LE MONDE CONNAÎT CET ENDROIT, MAIS DEPUIS LA CONSTRUCTION DU CANAL PLUS PERSONNE N'Y VIENT... ET TANT MIEUX !
PLOP
SURTOUT POUR DES MOMENTS COMME CELUI-LÀ !
D'ACCORD, TU PEUX T'ALLONGER SUR CES ROCHERS... CE SERA ASSEZ BIEN... ET S'IL TE PLAÎT, ARRÊTE DE BOIRE COMME UNE FOLLE !
COMME ÇA ? OU TU PRÉFÈRES QUE JE ME DÉSHABILLE ? CE SERAIT PLUS SEXY, NON ?
ESSAIE D'ABORD D'EXPLIQUER À TON PÈRE CE QUE SIGNIFIE SEXY...
ET S'IL COMPREND BIEN JE TE... EH ?! MAIS... ROSA ?!

ROSA ?
RÉPONDS-MOI !!
JE T'AI DIT DE NE PLUS BOIRE COMME ÇA !! PUTAIN, TON PÈRE VA ME TUER S'IL SAIT QUE C'EST AVEC MOI QUE TU T'ES MISE DANS CET ÉTAT !
PLASH
MAIS ?!
BONJOUR MON CHOU !

J'AI TOUJOURS ÉTÉ UN LÂCHE, SURTOUT AVEC LES FEMMES. PLUS JE SUIS AMOUREUX D'UNE FILLE, PLUS J'AI ENVIE D'ÉCHAPPER À SON CHARME, D'ÊTRE LOIN D'ELLE ET DE M'OCCUPER D'AFFAIRES PLUS FUTILES...
ET SI LA FILLE EST AMOUREUSE DE MOI, C'EST ENCORE PIRE. ÇA DEVIENT PARFOIS UN VRAI CAUCHEMAR, TOUT DU MOINS POUR MOI !
J'ESSAIE D'ACCEPTER MES ERREURS, MAIS JE NE LE DIS À PERSONNE, C'EST MON JARDIN SECRET. JE ME DIS QUE TOUT LE MONDE CACHE DES CHOSES, ET QUE CES PETITS SECRETS SERONT UN JOUR OU L'AUTRE DÉVOILÉS... IL FAUT ÊTRE PRÊT POUR CE JOUR-LÀ !
REGARDE ROSA ! ENCORE UN DES CES CARTONS QUI A SURVÉCU... TOUT LE MONDE ME REMERCIE ENCORE D'AVOIR SAUVÉ L'ÂNE !
BONJOUR PHILIPPE, TU COMMENCES TÔT AUJOURD'HUI ?
SALUT MIQUEL ! OUI, J'ATTAQUE LES MURS DU RESTO CE MATIN... À PLUS !

CLINC CLINC
BONJOUR TOUT LE MONDE...
SALUT ENRIC ! IL PARAÎT QU'ON VA PRENDRE LE PETIT DÉJEUNER ENSEMBLE DORÉNAVANT !! SI VOUS LE VOULEZ, BIEN SÛR !
'JOUR...
D'ACCORD L'AMI, MAIS JE VOUS PRÉVIENS QUE JE SUIS UN PARTENAIRE DE CONVERSATION BIEN SILENCIEUX, ALORS CE SERA PLUTÔT DES MONOLOGUES DE VOTRE PART...
GLOU GLOU
OUI, JE SAIS ! VOUS ET VOTRE APÉRITIF VOUS PRÉFÉREZ RESTER TRANQUILLES, MAIS ON DEVRA SE SUPPORTER ! POUR MOI CE SERA PAS DIFFICILE, JE SUIS HABITUÉ À AVOIR DES GENS AUTOUR DE MOI PENDANT QUE JE TRAVAILLE.
95
MAIS VOUS, VOUS POUVEZ COMMENCER À VOUS HABITUER CAR JE RESTERAI SUR CETTE ÉCHELLE AU MOINS JUSQU'À L'HIVER !
HÉ ! AVEC UN PEU DE CHANCE JE SERAI PLUS ICI LE PROCHAIN HIVER...
la Figuer
TOUT CE QUE JE VEUX C'EST ÊTRE LE PREMIER D'ENTRE NOUS À MOURIR, J'AIMERAIS PAS RESTER LE DERNIER DANS CE VILLAGE !
TILLIEUX

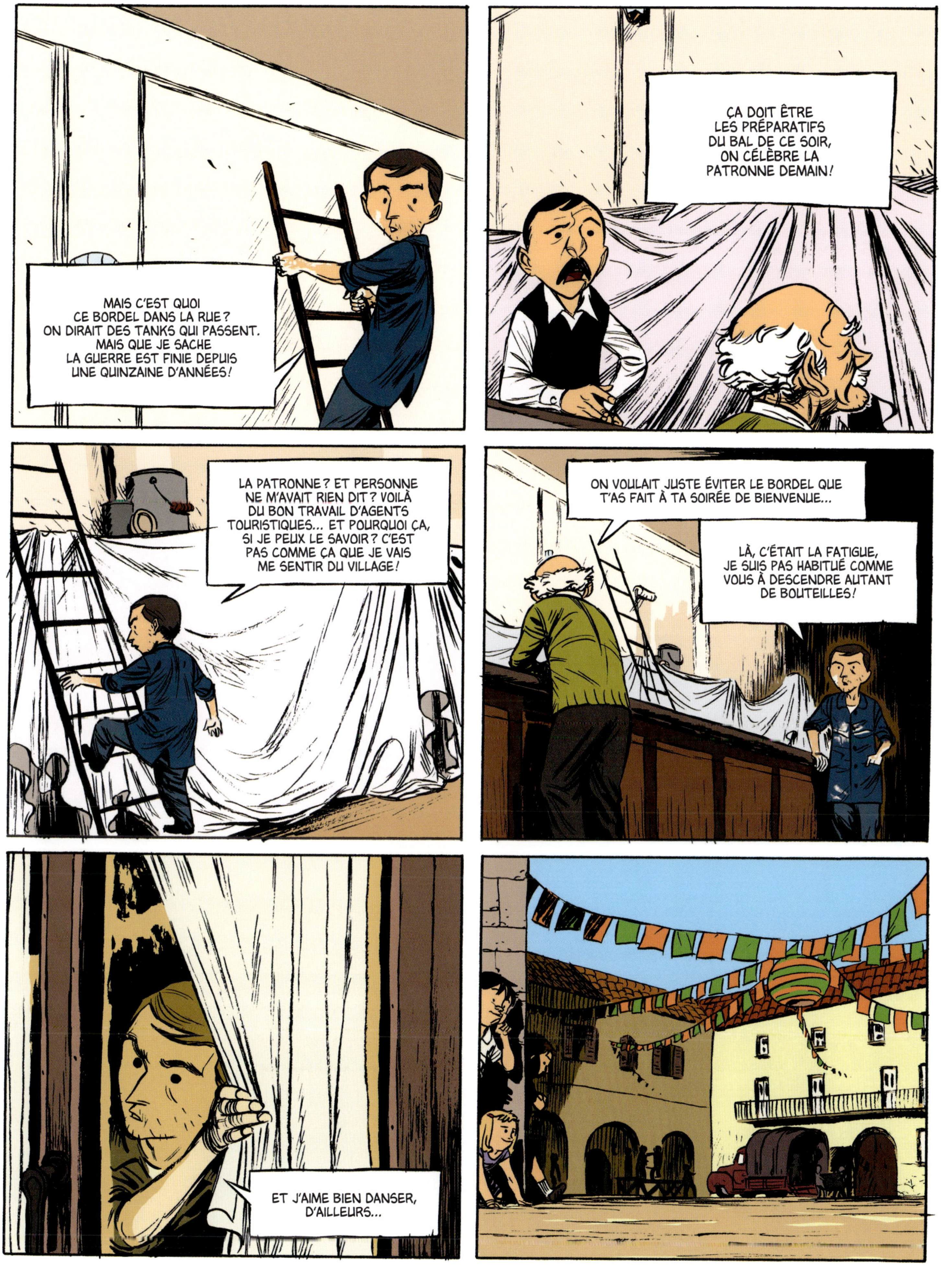
MAIS C'EST QUOI CE BORDEL DANS LA RUE ? ON DIRAIT DES TANKS QUI PASSENT. MAIS QUE JE SACHE LA GUERRE EST FINIE DEPUIS UNE QUINZAINE D'ANNÉES !
ÇA DOIT ÊTRE LES PRÉPARATIFS DU BAL DE CE SOIR, ON CÉLÈBRE LA PATRONNE DEMAIN !
LA PATRONNE ? ET PERSONNE NE M'AVAIT RIEN DIT ? VOILÀ DU BON TRAVAIL D'AGENTS TOURISTIQUES... ET POURQUOI ÇA, SI JE PEUX LE SAVOIR ? C'EST PAS COMME ÇA QUE JE VAIS ME SENTIR DU VILLAGE !
ON VOULAIT JUSTE ÉVITER LE BORDEL QUE T'AS FAIT À TA SOIRÉE DE BIENVENUE...
LÀ, C'ÉTAIT LA FATIGUE, JE SUIS PAS HABITUÉ COMME VOUS À DESCENDRE AUTANT DE BOUTEILLES !
ET J'AIME BIEN DANSER, D'AILLEURS...

EH! ATTENTION LES ENFANTS! C'EST AUSSI NOTRE FÊTE!
ELS MARINERS DE CALELLA, I EL MEU AVI AL MITG DE TOTS, VAREN MORIR A COBERTA VAREN MORIR AL PEU DEL CANÓ...
LA NUIT, TOUS LES CHATS SONT GRIS... DANS UNE AMBIANCE FESTIVE LE MIEUX QU'ON PUISSE FAIRE C'EST D'OUBLIER NOS DIFFÉRENCES ET NOS PROBLÈMES, ET NOUS PLONGER SANS RETENUE DANS L'AMBIANCE...
CE SONT DES OCCASIONS POUR FAIRE DE NOUVELLES RENCONTRES, OU POUR MIEUX CONNAÎTRE CEUX QUI NOUS ENTOURENT; S'ILS SONT DE L'AUTRE BORD ON FUME LE CIGARE DE LA PAIX ET VOILÀ... ON A UN RÉPIT POUR POUVOIR DISCUTER, VOILÀ CE QUE DEVRAIT ÊTRE L'ESPRIT FESTIF!
MOI, JE NE SUIS QU'UN SPECTATEUR, ET CONSCIENT DE MON RÔLE, JE M'EN CONTENTE. C'EST AMUSANT DE CONTEMPLER UN TEL SPECTACLE EN SACHANT QUE LE LENDEMAIN TOUT REVIENDRA À LA ROUTINE...

BONSOIR MONSIEUR GÉRARD ! VOUS N'AIMERIEZ PAS NOUS ACCOMPAGNER DANS NOS VAINES DISCUSSIONS ? ÇA SERAIT PEUT-ÊTRE PLUS INTÉRESSANT AVEC UN ARTISTE PARMI NOUS !
BONSOIR...
ASSEYEZ-VOUS, JE VAIS VOUS PRÉSENTER MES AMIS DE LA CAPITALE, DES GENS MODERNES COMME VOUS...
JULIAN, LE SEUL DE CETTE TABLE AVEC MOI QUI SOIT NÉ AU VILLAGE, SON NEVEU MANUEL, ANTONIO LE CHEF DE LA POLICE , JOSE-MARIA LE MAIRE DE LA CAPITALE ET SON COUSIN MARIANO, VOILÀ !
MESSIEURS VOICI PHILIPPE GÉRARD, LE PEINTRE DONT JE VOUS PARLAIS... N'HÉSITEZ PAS À NOUS INTERROMPRE, PARFOIS ON SE PREND POUR DES GENS SERIEUX !
COMME VOUS VOYEZ, JE SUIS CONTENT, ON EST TOUS D'ACCORD AVEC LE DÉBUT DE CETTE NOUVELLE ÉTAPE DANS NOS AFFAIRES. CHACUN DÉFEND SES PROPRES INTÉRÊTS, MAIS AVEC DU CONSENSUS... ON IRA LOIN SI L'ON CONTINUE À TRAVAILLER AINSI ! JE ME DIS TOUJOURS QU'IL FAUT PROFITER DU MOMENT !
POUFPOUF
C'EST ÇA MA PHILOSOPHIE, QUE TOUT LE MONDE PUISSE PROFITER DE NOS AFFAIRES D'UNE MANIÈRE OU D'UNE AUTRE... ON N'EST PAS DES ALTRUISTES MAIS ON S'EN RAPPROCHE BEAUCOUP, N'EST-CE PAS ?
EH ? !

MAIS... BON SANG, QUELLE BEAUTÉ !
EH TOI ! TU M'ÉVITES OU QUOI ? IL FAUT QUE JE T'ENVOIE UN CARTON POUR QUE TU M'INVITES À DANSER ?
MAIS QUI... AH ! C'EST TOI !
ET LES AMIS DE TON PÈRE ?
LAISSE MON PÈRE TRANQUILLE, CE NE SONT PAS SES AMIS ! IL Y A PLUS D'INTÉRÊTS À CETTE TABLE QUE DANS TOUT LE PAYS, ET ÇA C'EST PAS TON BOULOT !
C'EST MIEUX COMME ÇA, PARFOIS IL SUFFIT DE TROUVER UN BON COIN POUR ÊTRE TRANQUILLE ET DANSER UN PEU, ET TOI, TU T'EN SORS BIEN ! T'AS APPRIS OÙ ?
J'AI TOUJOURS AIMÉ LA MUSIQUE...

MAIS QU'EST-CE QU'IL T'ARRIVE? TU SEMBLES TRÈS TENDUE CE SOIR? T'AS EU DES ENNUIS AVEC QUELQU'UN?
C'EST RIEN, JUSTE LA FATIGUE...
QUI C'EST CETTE FILLE? JE L'AVAIS JAMAIS VUE...
ET QU'EST-CE QU'ELLE VIENT FAIRE ICI DANS MON VILLAGE?!!
C'EST ÉTONNANT DE VOIR COMME ILS SE RESSEMBLENT... IL N'ÉCHAPPE À PERSONNE QU'ILS SONT FAITS L'UN POUR L'AUTRE...

HASARD ? DESTIN ? JE SAIS PAS, MAIS PARFOIS ON SE PLAÎT À CROIRE EN QUELQU'UN QUI ORGANISE LE TOUT, QUELQU'UN QUI MET LES PIÈCES EN JEU ET S'ASSOIT POUR ATTENDRE LE RÉSULTAT, POUR VOIR SI NOS RÉACTIONS DONNENT LE PUZZLE QU'IL ATTENDAIT...
MAIS ENSUITE, ON RÉFLÉCHIT ET ON SE DIT QUE CE N'EST PAS LE DESTIN, QUE CELUI-CI N'EXISTE PAS MAIS QUE PAR CONTRE C'EST LE HASARD QUI A VOULU ATTENDRE LES MEILLEURES CIRCONSTANCES POUR SORTIR SON JEU...
C'EST DANS CE GENRE DE SITUATION QUE L'ON RENCONTRE QUELQU'UN POUR LA PREMIÈRE FOIS, ET POURTANT ON A L'IMPRESSION QU'ON LE CONNAÎT DEPUIS TOUJOURS...
OBERT
OBERT

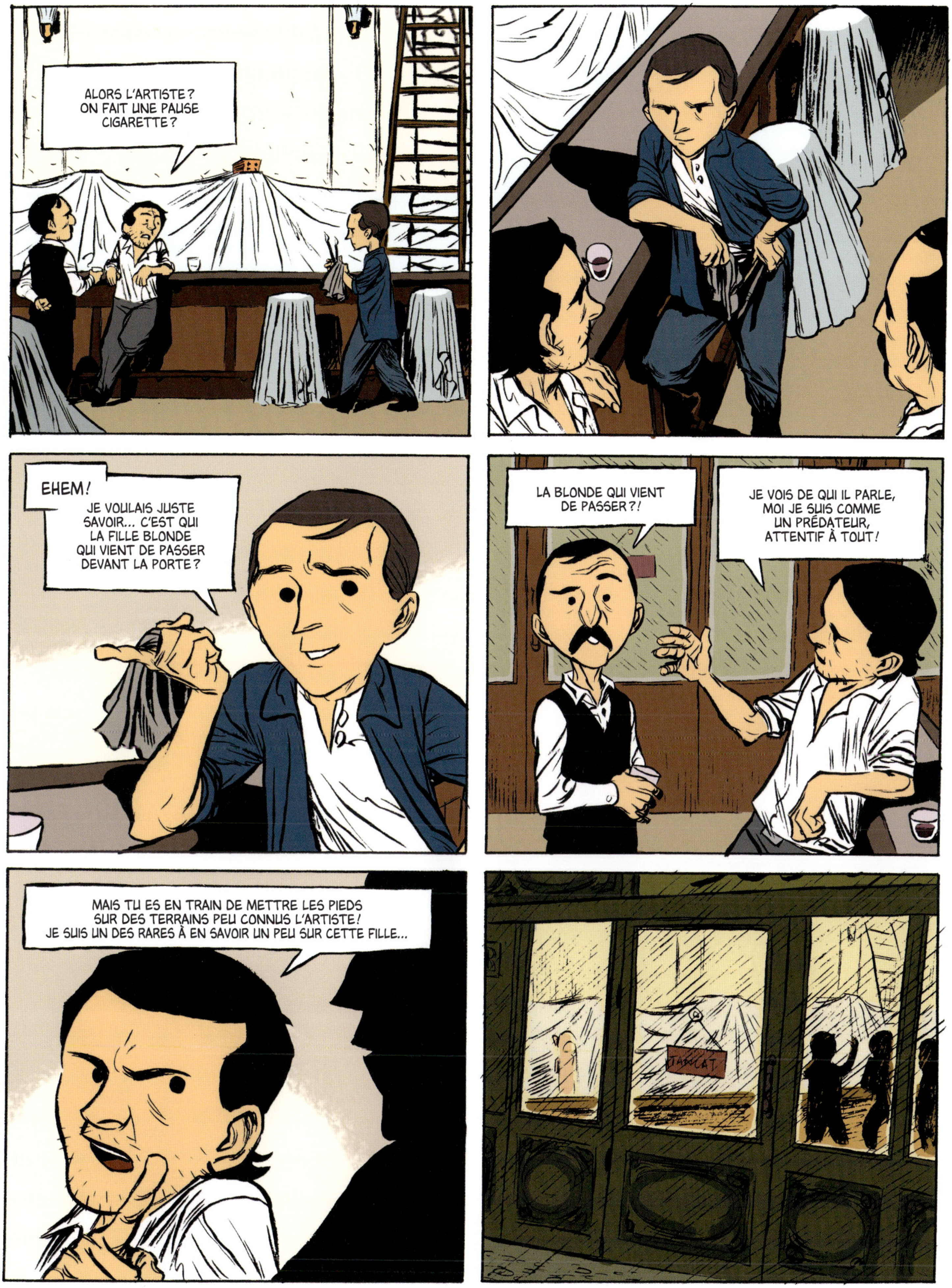
ALORS L'ARTISTE ? ON FAIT UNE PAUSE CIGARETTE ?
EHEM ! JE VOULAIS JUSTE SAVOIR... C'EST QUI LA FILLE BLONDE QUI VIENT DE PASSER DEVANT LA PORTE ?
LA BLONDE QUI VIENT DE PASSER ?!
JE VOIS DE QUI IL PARLE, MOI JE SUIS COMME UN PRÉDATEUR, ATTENTIF À TOUT !
MAIS TU ES EN TRAIN DE METTRE LES PIEDS SUR DES TERRAINS PEU CONNUS L'ARTISTE ! JE SUIS UN DES RARES À EN SAVOIR UN PEU SUR CETTE FILLE...

TOC
TOC
TOC
BONJOUR MONSIEUR, QUE PUIS-JE FAIRE POUR VOUS ?
BONJOUR MADAME...

EUH... JE NE VOULAIS PAS VOUS DÉRANGER, J'AVAIS PENSÉ INVITER MADEMOISELLE LAIA POUR UNE PROMENADE... SI ÇA NE POSE PAS DE PROBLÈME, ÉVIDEMMENT !
ENTREZ, JE NE SAIS PAS SI ELLE A ENVIE DE VISITES, MAIS JE VAIS LUI DEMANDER DE TOUTE FAÇON, ENTREZ ET NE TOUCHEZ À RIEN ! J'ARRIVE...
ET SI ELLE DIT QU'ELLE N'A PAS ENVIE FAUT PAS PERSÉVÉRER, ÇA VEUT DIRE NON ET AU REVOIR, COMPRIS ?
PARFAITEMENT MADAME !
C'EST MOI QUI VOUS INTÉRESSE OU MA FAMILLE ? PARCE QUE SI CE SONT EUX IL NE SONT PLUS LÀ... MONSIEUR... ?
EH ? AH ! GÉRARD, PHILIPPE GÉRARD !

JE SUIS PAS D'ICI, COMME VOUS POUVEZ LE VOIR. EN FAIT JE SUIS... J'AI ÉTÉ ENGAGÉ POUR FAIRE UNE GRANDE FRESQUE SUR LES MURS DU RESTAURANT DE MONSIEUR ROBERT...
JE ME SUIS APERÇU DE VOTRE PRÉSENCE L'AUTRE SOIR, PENDANT LE BAL. JE NE CACHE PAS QUE J'AI ÉTÉ SOUFFLÉ PAR VOTRE BEAUTÉ... JE SAIS QUE ÇA PEUT VOUS PARAÎTRE BIZARRE MAIS JE...
D'ABORD ON SE TUTOIE, ET ENSUITE VA DROIT AU BUT. QU'EST-CE QUE TU VEUX DE MOI? JE NE M'Y CONNAIS PAS TROP EN ART, ET JE CONNAIS SUFFISAMMENT MONSIEUR ROBERT POUR SAVOIR QU'IL N'EST PAS UN INITIÉ NON PLUS!
FAIRE UN TOUR?
D'ACCORD, JE VAIS ME CHANGER ET JE REVIENS DANS CINQ MINUTES, MAIS APRÈS TU M'AVOUERAS TES VRAIES INTENTIONS. JE VOIS QUE TU AS DES INTÉRÊTS EN MA PERSONNE QUI M'ÉCHAPPENT... CINQ MINUTES ET ON Y VA, OK?

"L'AMOUR EST DIEU EN BARQUE", DISAIT LE POÈTE, "LA VIE EST UN NAUFRAGE DANS UN VERRE DE VIN BLANC". LE CŒUR BAT, ON LE SENT AUX TEMPES... AU DÉBUT C'EST DIFFICILE DE RESPIRER... ON NE SAIT PAS PAR OÙ COMMENCER...
ET L'INSTANT D'APRÈS, GRÂCE À UN MOT, À UN SOUFFLE D'AIR, ENCOURAGÉ PAR UN GESTE, ON SORT LE GRAND DISCOURS. TOUS LES SENTIMENTS ENFOUIS DEPUIS TROP LONGTEMPS S'ÉCHAPPENT. D'ABORD TOUT DOUCEMENT...
...PUIS ON FINIT PAR SE LAISSER ALLER, ON NE CONTRÔLE PLUS SES ÉMOTIONS, ELLES S'ÉCOULENT PAR LA BOUCHE COMME UNE RIVIÈRE QUI ÉTAIT TROP LONGTEMPS BLOQUÉE DERRIÈRE UNE GRANDE DIGUE DE CONTENTION...
ON NE SE DEMANDE PAS SI CE QU'ON FAIT EST CORRECT OU PAS, ON LE FAIT, C'EST TOUT. C'EST LE BON MOMENT, ON EN TROUVERA DIFFICILEMENT D'AUTRES, MÊME S'IL Y A DES CHOSES QUI NOUS ÉCHAPPENT. ET IL Y A TOUJOURS DES CHOSES QUI NOUS ÉCHAPPENT.

BONJOUR ! PHILIPPE ? T'ES LÀ ?
MON PÈRE TE CHERCHAIT, IL VOULAIT BAVARDER AVEC...
!?
...NPH !

TU SAIS CE QUI EST LE PLUS AGRÉABLE DANS CE GENRE DE PROMENADE ?
EUH... L'AIR FRAIS ?
MAIS NON MON JEUNE AMI ! MANGER, MANGER DEHORS ! COMME NOS ANCÊTRES, TEL EST LE GRAND PLAISIR DE LA NATURE... MARCHER N'EST QU'UN PRÉTEXTE, UNE EXCUSE !
JE VOUS ÉCOUTE !
LES DEUX CHOSES QUE JE PRÉFÈRE, CE SONT L'AIL ET L'HUILE, LA BASE DE TOUTE NOTRE ALIMENTATION AVEC LE PAIN !
SÉPARÉS, CHACUN A SON PROPRE GOÛT. CERTES BON, MAIS PAS DIVIN. ALORS QUAND ON LES MÉLANGE... HA !
IL FAUT CONNAÎTRE LE GRAND ART DE L'AMOUR POUR BIEN LES ACCOMMODER ENSEMBLE, ET TOUT LE MONDE NE CONNAÎT PAS CET ART, PAS VRAI PHILIPPE ?
EH ?
TIENS, TU T'OCCUPERAS DU PAIN !

EUH... ROBERT... MONSIEUR ROBERT, PARLEZ-MOI DE MON PÈRE, JE CONNAIS L'HISTOIRE, MAIS J'AIMERAIS L'ENTENDRE DE VOTRE BOUCHE...
J'ESSAYAIS DE DORMIR !
TON PÈRE, JE L'AI CONNU VERS LA FIN DE LA GUERRE, TU SAIS, IL FAISAIT PARTIE DES BRIGADES INTERNATIONALES... UN JOUR, IL EST VENU ME VOIR POUR QUE JE LE CACHE. IL VOULAIT RENTRER CHEZ LUI AVANT LE FINAL TRAGIQUE... JE L'AI FAIT, JE L'AI CACHÉ CHEZ MOI !
IL A PASSÉ UN BON MOMENT AU VILLAGE, UNE BELLE AMITIÉ EST NÉE ENTRE NOUS. LUI, IL M'A MÊME DONNÉ DES IDÉES POUR SURVIVRE À L'APRÈS-GUERRE QUI NOUS TOMBAIT DESSUS... IL ÉTAIT TRÈS MALIN TON PÈRE !!
ELLES N'ONT RIEN À VOIR AVEC LA CONTREBANDE CES IDÉES ?
QUOI ? TU L'AS SU COMMENT ?
UN JOUR, AU DEBUT DE L'ÉTÉ, J'ÉTAIS À LA RIVIÈRE AVEC ROSA ET J'AI VU UNE DES CES BOÎTES QUE LES ÂNES AVAIENT PERDUES... LA CURIOSITÉ ÉTAIT TROP FORTE ET JE L'AI OUVERTE, CE QU'IL Y AVAIT DEDANS M'A MENÉ JUSQU'À CETTE RÉFLEXION...
VOILÀ, TU CONNAIS LE GRAND SECRET ! MAIS DANS CETTE VOLONTÉ DE RECONSTRUIRE ET MAINTENIR MON VILLAGE, MA ROUTE A CROISÉ DES PERSONNAGES QUI NE ME PLAISENT GUÈRE.
MAIS DIS-MOI, VOUS Y ALLEZ SOUVENT À LA RIVIÈRE AVEC MA FILLE ?
EN CE MOMENT PAS VRAIMENT, EUH... J'AI TROP DE BOULOT !
TROP DE BOULOT ?! C'EST ÇA ! TOUT LE VILLAGE EST AU COURANT ! TU EN AS DÉJÀ PARLÉ AVEC ELLE ? IL FAUT QUE TU LUI EXPLIQUES !

JE SERAI LÀ-DERRIÈRE SI VOUS AVEZ BESOIN DE MOI... DE TOUTE FAÇON JE NE PENSE PAS...
D'ACCORD PHILIPPE, MAIS DÉPÊCHE-TOI, ON IRA MANGER DANS DIX MINUTES! ON VA PAS T'ABANDONNER!
EH! ÇA ME VA! ET QU'EST-CE QU'ELLE NOUS A PREPARÉ AUJOURD'HUI NOTRE ROSA? J'AI CRU SENTIR L'ODEUR DU LAPIN CE MATIN... ÇA SERAIT GÉNIAL!
TU N'AS QU'À LUI DEMANDER! SI TU EN AS LE COURAGE, BIEN ÉVIDEMMENT!
CLINC CLINC
DU COURAGE POUR FAIRE QUOI? MONSIEUR ROBERT?!
!?
DU COURAGE POUR NOUS PAYER? ET LA LIVRAISON DU MOIS DERNIER? ENCORE EN RETARD?
RESTEZ OÙ VOUS ÊTES, UN AUTRE PAS ET JE VOUS...

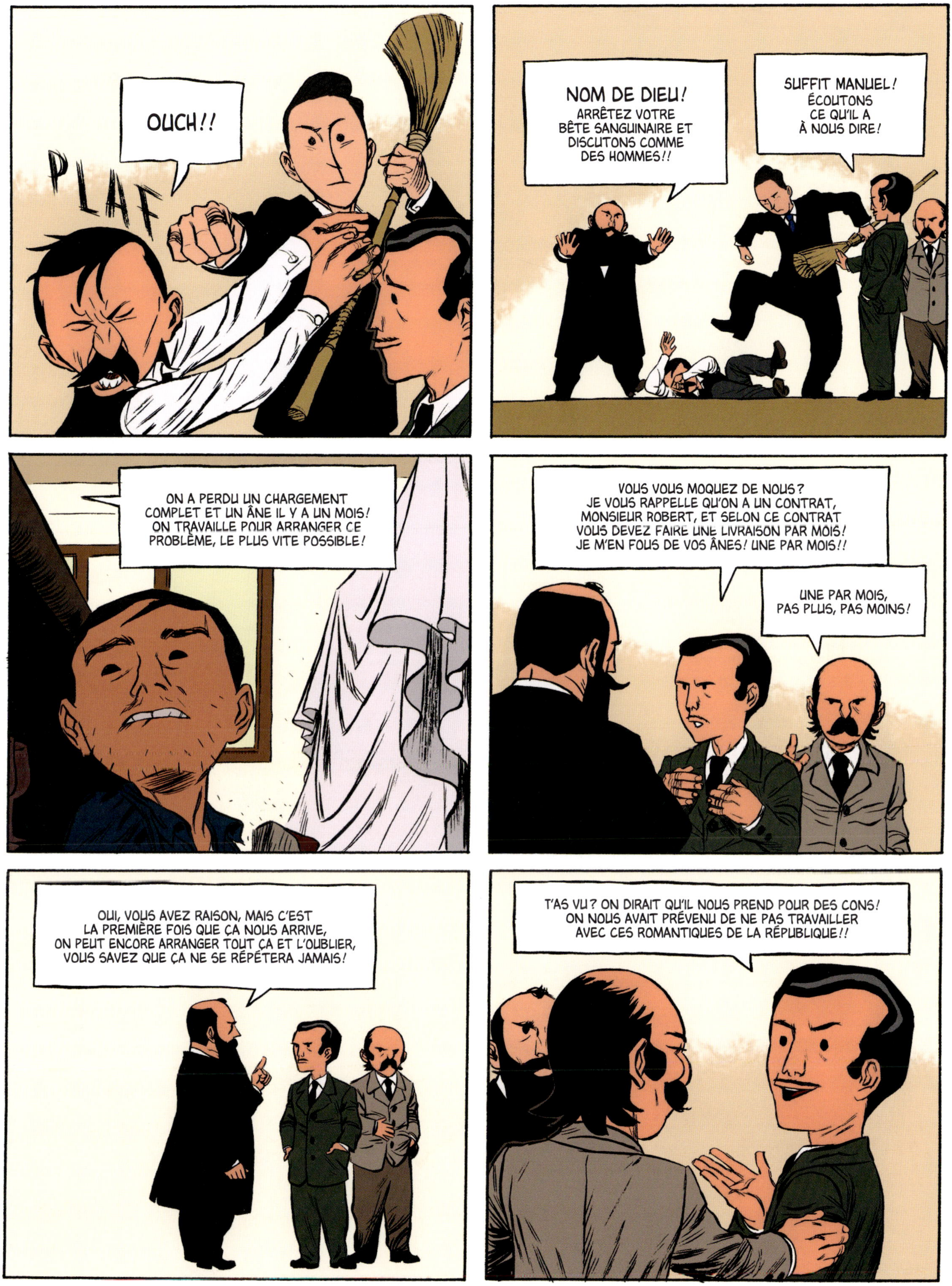
OUCH!!
PLAF
NOM DE DIEU! ARRÊTEZ VOTRE BÊTE SANGUINAIRE ET DISCUTONS COMME DES HOMMES!!
SUFFIT MANUEL! ÉCOUTONS CE QU'IL A À NOUS DIRE!
ON A PERDU UN CHARGEMENT COMPLET ET UN ÂNE IL Y A UN MOIS! ON TRAVAILLE POUR ARRANGER CE PROBLÈME, LE PLUS VITE POSSIBLE!
VOUS VOUS MOQUEZ DE NOUS? JE VOUS RAPPELLE QU'ON A UN CONTRAT, MONSIEUR ROBERT, ET SELON CE CONTRAT VOUS DEVEZ FAIRE UNE LIVRAISON PAR MOIS! JE M'EN FOUS DE VOS ÂNES! UNE PAR MOIS!!
UNE PAR MOIS, PAS PLUS, PAS MOINS!
OUI, VOUS AVEZ RAISON, MAIS C'EST LA PREMIÈRE FOIS QUE ÇA NOUS ARRIVE, ON PEUT ENCORE ARRANGER TOUT ÇA ET L'OUBLIER, VOUS SAVEZ QUE ÇA NE SE RÉPÉTERA JAMAIS!
T'AS VU? ON DIRAIT QU'IL NOUS PREND POUR DES CONS! ON NOUS AVAIT PRÉVENU DE NE PAS TRAVAILLER AVEC CES ROMANTIQUES DE LA RÉPUBLIQUE!!

VOUS AURIEZ DÛ NOUS AVERTIR AUSSITÔT AU LIEU DE NOUS INVITER À VOTRE FÊTE POUR NOUS PRÉSENTER CE PEINTRE ÉTRANGER ET SÛREMENT COMMUNISTE! C'EST VOTRE FAUTE!
D'ACCORD! JE VAIS VOUS PAYER CE QUE JE VOUS DOIS... MAIS EXPLIQUEZ-MOI, POURQUOI CETTE VIOLENCE? EST-ELLE VRAIMENT NÉCESSAIRE? COMME VOUS LE DISIEZ ON A UN CONTRAT, ET CELUI-CI NE COMPREND PAS LES COUPS DE POING!
EMBARQUE-LES MANUEL! ON VA VOIR CE QU'ILS CACHENT!
LAISSE MOI, ESPÈCE D'ORDURE!!
APRÈS ÇA JE ME VERRAI OBLIGÉ DE PARLER AVEC VOS SUPÉRIEURS!!
VOUS N'EN AUREZ PAS BESOIN, ON A DÉJÀ TOUT ARRANGÉ!
J'ESPÈRE QUE VOUS ÊTES QUELQU'UN D'ORDONNÉ ET QU'IL SERA FACILE DE FAIRE DISPARAÎTRE TOUT CE QUI POURRAIT NOUS COMPROMETTRE!!

VITE ! VITE !
IL FAUT QUE JE TROUVE MIQUEL TOUT DE SUITE !!
ROSA !! HEUREUSEMENT QUE JE TE CROISE !
J'AI BESOIN DE TOI ! T'AURAIS PAS VU PAR HASARD...
LAISSE-MOI TRANQUILLE ! EST-CE QUE JE T'AI SONNÉ ? DONC, CONTINUE TON BOULOT ET VA-T'EN, JE M'EN FOUS DE TES BESOINS URGENTS !! T'AS BIEN ENTENDU ?!
MAIS TON PÈRE...
ADIEU !
?!
MAIS QU'EST-CE QU'IL LUI ARRIVE À CELLE-LÀ ?! JE CROYAIS COMMENCER À COMPRENDRE LES GENS D'ICI, MAIS APPAREMMENT...

POURVU QU'IL SOIT BIEN LÀ! SINON IL N'Y AURA PLUS D'ESPOIR, TOUT SERA PERDU... VOILÀ, SES VACHES SONT LÀ!!
MIQUEL! MIQUEL! VITE, MONSIEUR ROBERT!!
EH? PHILIPPE?!
ILS L'ONT... SONT EN TRAIN... ARF... ARF... DANS LE RESTO... .ARF... AIDE MOI!!
EOH! CALME-TOI, RESPIRE ET APRÈS TU PARLES, DANS L'ORDRE!
LES HOMMES DE LA CAPITALE, CEUX QU'IL M'AVAIT PRESENTÉS, ILS ONT PRIS MONSIEUR ROBERT POUR DES HISTOIRES DE JE NE SAIS PAS QUELLES DETTES DE CONTREBANDE ET....
EUX? ET MERDE!
MERDE DE MERDE! IL FAUT QU'ON ARRÊTE CES FASCISTES AVANT QUE QUELQUE CHOSE DE GRAVE NE LUI ARRIVE!
VOILÀ, MAIS QU'EST-CE QU'ON PEUT FAIRE?
ARRÊTE-TOI ET N'AIE L'AIR DE RIEN... C'EST LA BAGNOLE DE MONSIEUR ROBERT! PEUT-ÊTRE QUE...

MERDE… C'EST PAS LUI AU VOLANT. T'AS VU? VA SAVOIR CE QU'ILS ONT TROUVÉ COMME EXCUSE POUR L'ARRÊTER!! VITE DÉPÊCHONS-NOUS, ON A ENCORE UNE CHANCE!
ILS SONT CAPABLES DE TOUT POUR CACHER LEURS AFFAIRES ILLÉGALES ET EFFACER LES PREUVES, MÊME D'UN MEURTRE!! VOILÀ DE QUOI ILS SONT CAPABLES CES CONNARDS!
ET DEPUIS QUELQUE TEMPS C'EST DEVENU TROP FACILE DE SE FAIRE ARRÊTER SOUS PRÉTEXTE DE COMPLOT!
NOTRE DERNIÈRE CHANCE EST SUR LE PONT, PAR ICI ON Y ARRIVERA AVANT EUX ET ON VA SE DÉBROUILLER POUR ARRÊTER LA BAGNOLE ET SAUVER MONSIEUR ROBERT!!
EST-CE QUE T'AS DÉJÀ UN PLAN?
AVEC CECI ÇA SERA SUFFISANT! ON A ENCORE QUELQUES INSTANTS, J'ESPÈRE!! VAS-Y, POUSSE!!

BONJOUR MESSIEURS! POURRIEZ-VOUS ESSAYER DE NOUS EXPLIQUER CE QUE SIGNIFIE TOUT CECI? ON NOUS A ORDONNÉ DE NE LAISSER PERSONNE APPROCHER DU PONT... ALORS?
!!
NOUS... EUH... ON FAISAIT... EN FAIT NOUS...
ON NE FAIT RIEN D'ILLICITE! ON ESSAIE D'ARRÊTER DES CRAPULES DE LA CAPITALE QUI SÉQUESTRENT UN AMI ET LUI VEULENT DU MAL!! D'AILLEURS C'EST VOTRE BOULOT!!
ALORS, J'EXIGE...
PHILIPPE, TAIS-TOI!
VOUS PARLEZ DE MONSIEUR ROBERT, LE MAIRE?
PARCE QUE SELON CETTE LETTRE IL A ÉTÉ DÉNONCÉ POUR CONSPIRATION COMMUNISTE! ET MAINTENANT? VOUS ÊTES SÛRS QUE C'EST VOTRE AMI?
HÉ! HÉ! HÉ!
RAAAH! ENFOIRÉS... JE VOUS JURE QUE...
PHILIPPE!
AU REVOIR MESSIEURS!
CE SERAIT MIEUX QU'ON AILLE AU VILLAGE RACONTER À TOUS CE QUI S'EST PASSÉ. ON Y VA PHILIPPE?
D'ACCORD, ALLONS-Y...

..."PROPAGANDE COMMUNISTE ET RÉUNIONS HORS-LA-LOI", MAIS COMMENT EST-CE POSSIBLE ?! PUTAIN ON SE DIRAIT DANS LE PIRE DES CAUCHEMARS ICI !!
VOILÀ LE PAYS OÙ ON HABITE, MON AMI ! QU'EST-CE QUE T'AVAIS IMAGINÉ ?
ET QU'EST-CE QU'ON DOIT FAIRE, LÀ ? J'Y CONNAIS RIEN AUX LOIS, ET ENCORE MOINS À CELLES D'ICI !!
C'EST ÇA LE PROBLÈME, ON NE PEUT RIEN FAIRE... EH ! MERDE DE MERDE ! JE LES AVAIS OUBLIÉES !!
C'EST VRAIMENT PAS MON JOUR ! VIENS, AIDE-MOI !! CELLES-CI !!
ALLEZ LA VACHE ! VAS-Y !! RENTRE AU CHAMP !! EH VACHE !!
TU N'Y ARRIVERAS PAS SANS UN BÂTON ! UN BON VACHER EN A TOUJOURS UN...
ET TOI ? TU DOIS ÊTRE UN GRAND PEINTRE ! ÇA FAIT TROIS QUARTS D'HEURE QUE TU TE PROMÈNES AVEC CE PINCEAU !! ALORS, VA TE FAIRE FOUTRE !
ALLEZ LES VACHES ! EH ! EH ! ALLEZ-Y ! RETOURNEZ AU CHAMP !

ROSA?! ROSA!! ATTENDS! IL Y A QUELQUE CHOSE QUE JE DOIS TE DIRE!!
ARRÊTE-TOI LÀ!! NE T'APPROCHE PAS PLUS PRÈS DE MOI, SALE TRAÎTRE!!
UN TRAÎTRE MOI? POURQUOI? AVEC MIQUEL ON A TOUT ESSAYÉ POUR TON PÈRE! MAIS... JE NE COMPRENDS PAS CE QUE TU VEUX DIRE?
JE NE PARLE PAS DE ÇA, TU SAIS TRÈS BIEN CE QUE JE VEUX DIRE!!
ROSA, SAIS-TU EN FAIT POURQUOI JE SUIS VENU? MON PÈRE ET LE TIEN SE SONT CONNUS PENDANT LA GUERRE...

ROBERT... TON PÈRE, A CACHÉ LE MIEN CHEZ VOUS... DURANT TOUT CE TEMPS TA MÈRE ET MON PÈRE SE SONT BIEN... CONNUS. TOI, TU ÉTAIS PETITE À L'ÉPOQUE. JE NE SAIS PAS SI TU COMPRENDS ?
TU VEUX DIRE...
TON PÈRE ÉTAIT QUELQU'UN DE COMPRÉHENSIF, TU LE SAIS MIEUX QUE PERSONNE. ALORS IL LES A LAISSÉS FAIRE, IL A BIEN COMPRIS QUE L'AMOUR EST DIFFICILE À GÉRER ! QUAND LA GUERRE S'EST TERMINÉE, MON PÈRE A DÛ PARTIR, CAR IL ÉTAIT DANGEREUX POUR LUI DE RESTER ICI... MAIS TA MÈRE... ELLE ÉTAIT ENCEINTE...
TOUT LE VILLAGE EN PARLAIT ET TON PÈRE LUI A RECOMMANDÉ D'ALLER À LA CAPITALE... QUELQUE TEMPS APRÈS, ELLE MOURAIT EN COUCHES, ELLE...
MAIS... MAIS ÇA VEUT DIRE QUE... MON DIEU !
MON PÈRE VOULAIT RENDRE LA PAREILLE À TON PÈRE, UNE MANIÈRE DE LE REMERCIER DE LUI AVOIR PERMIS DE S'AIMER AVEC TA MÈRE. MAIS IL EST MORT L'ANNÉE DERNIÈRE ET CETTE FAVEUR, JE L'AI REÇUE EN HÉRITAGE... LES FRESQUES DU RESTAURANT !
ROSA, PHILIPPE AVAIT UN AUTRE OBJECTIF, ME RENCONTRER. MAIS TON PÈRE Y AVAIT DÉJÀ PENSÉ, C'EST POUR ÇA QU'IL M'A INVITÉE À PASSER LES VACANCES ICI, POUR LA PREMIÈRE FOIS DE MA VIE...
CHAQUE LUNDI, TON PÈRE ALLAIT À LA CAPITALE. IL Y AVAIT DES AFFAIRES, C'EST SÛR, MAIS L'UNE DE CES AFFAIRES, C'ÉTAIT MOI, IL S'EST OCCUPÉ DE MOI DEPUIS MA NAISSANCE !

QUELLE ÉTRANGE FAMILLE ON FAIT!! JE SUIS DÉSOLÉE...
UNE FOIS, J'AI EU UN AMI QUI PARLAIT DE L'AIL ET DE L'HUILE COMME SI C'ÉTAIT DE LA VIE QU'IL PARLAIT. IL DISAIT QUE CEUX QUI CONNAISSAIENT BIEN L'AMOUR POUVAIENT MÉLANGER CES DEUX INGRÉDIENTS POUR ARRIVER AU SOMMET...
L'HUILE, LIQUIDE DIVIN QUI SAIT MÉLANGER TOUS LES GOÛTS, QUI DOIT ÊTRE TOUJOURS SUR LA TABLE AU CAS OÙ ON EN AURAIT BESOIN... ET ON EN A TOUJOURS BESOIN!
ET L'AIL, QUI SAIT DONNER, MALGRÉ SA NATURE AIGRE, LE PLUS FIN DES GOÛTS AU PLUS DÉLICIEUX DES METS!
LE PEU D'AMOUR QU'UN MORCEAU DE PAIN POURRAIT APPORTER ET VOILÀ... QUI A DIT QU'IL N'Y A PAS DE POÉSIE EN CUISINE?
PLIC!
VOUS AI-JE DÉJÀ DIT QUE J'ADORE MARCHER SOUS LA PLUIE? C'EST UN DES PLUS GRANDS PLAISIRS QUE JE CONNAISSE...

95
Can Robert
e.

BONJOUR!

PROFITEZ BIEN DE VOTRE TEMPS, DEMAIN ON DOIT PARTIR TÔT ! MADAME !
GRAT GRAT
MADAME ?
MONSIEUR ?
AVEC PLAISIR...

fin.